**ALAÍNE MORAES DE SOUSA**

# A EVASÃO ESCOLAR E SUA RELAÇÃO COM A VIOLÊNCIA DOMÉSTICA ENTRE JOVENS DE ESCOLAS PÚBLICAS DO ENSINO MÉDIO DE MARANGUAPE/CE

Trabalho de conclusão de curso para obtenção do título de graduação em Serviço Social apresentado à Universidade Paulista – UNIP.

Orientador: Prof.ª Me. Márcia Toledo Salvaia

**FORTALEZA**
**2019**

Moraes de Sousa, Alaíne.
    A EVASÃO ESCOLAR E SUA RELAÇÃO COM A VIOLÊNCIA
DOMÉSTICA ENTRE JOVENS DE ESCOLAS PÚBLICAS DO
ENSINO MÉDIO DE MARANGUAPE/CE / Alaíne Moraes de Sousa. -
2019.
    56 f. : il.

    Trabalho de Conclusão de Curso (Graduação) apresentado ao
curso de Serviço Social da Universidade Paulista, Fortaleza, 2019.

    Orientador: Prof. Márcia Toledo Salvaia.

    1. Serviço Social. 2. Violência Doméstica. 3. Evasão Escolar. I.
Toledo Salvaia, Márcia (orientador). II. Título.

ALAÍNE MORAES DE SOUSA

A EVASÃO ESCOLAR E SUA RELAÇÃO COM A VIOLÊNCIA DOMÉSTICA ENTRE JOVENS DE ESCOLAS PÚBLICAS DO ENSINO MÉDIO DE MARANGUAPE/CE

Trabalho de conclusão de curso para obtenção do título de graduação em Serviço Social apresentado à Universidade Paulista – UNIP.

Para Pedro Neto,
Que me mostrou o que é Amor,
E trouxe vida à minha existência.

## AGRADECIMENTOS

À Deus, por ter me abençoado com vida, saúde e capacidade intelectiva.
À minha família; pais, irmãos, irmãs e sobrinhos, pelo apoio, suporte e amor demonstrado a cada dia mesmo em momentos difíceis.
Aos meus amigos, por terem entendido e respeitado minha ausência.
Á minha orientadora, por ter me ensinado desde os requisitos mais básicos para a construção do pré-projeto até me mostrar novas perspectivas na vida acadêmica, sempre me encorajando e incentivando a crescer.
 Ao meu amado filho por ter compreendido que eu precisava estudar quando na verdade ele gostaria que eu estivesse o lado dele, tudo é por ele e para ele.

A todos minha gratidão, obrigada!

(...) se é totalmente ilusório crer que a violência simbólica
Possa ser vencida apenas com as armas da consciência e da vontade,
É porque os efeitos e as condições de sua eficiência estão duramente inscritos
No mais íntimo dos corpos sob a forma de pré-disposições.

Pierre Bourdieu

# RESUMO

Este trabalho é a síntese de uma pesquisa realizada com alunos e ex-alunos do ensino médio, profissionais de escolas públicas de ensino médio e profissionais de equipamentos públicos que trabalham diretamente tanto com a questão da evasão escolar quanto com a violência doméstica e suas consequências. Pretende-se, neste trabalho, discorrer sobre os impactos da violência doméstica nos alunos de escola pública e seu impacto na evasão escolar no ensino médio.

**Palavras-chave**: Evasão escolar. Violência doméstica contra a mulher. Serviço social.

## ABSTRACT

This work is the synthesis of a research that was carried out with current and former high school students, professionals from public high schools and public equipment professionals who work directly with both the issue of school dropout and domestic violence and its consequences. The purpose of this study is to discuss the impacts of domestic violence on public school students and their impact on high school dropout rates.

**Key words**: School evasion. Domestic violence against women. Social work.

## ABSTRACT

# LISTA DE GRÁFICOS

# LISTA DE SIGLAS E ABREVIAÇÕES

CRAS      Centro de Referência de Assistência Social

CREAS    Centro de Referência Especializado de Assistência Social

CRM       Conselho Regional de Medicina

ECA       Estatuto da Criança e do Adolescente

SPM       Secretaria de Políticas para Mulheres

# SUMÁRIO

# 1 INTRODUÇÃO

O que leva um jovem a sair da escola? Muitas pesquisas foram realizadas na tentativa de responder a esta questão. Há evidências empíricas disponíveis sobre a íntima ligação de evasão escolar e pobreza, indicando o quanto o trabalho infantil prejudica no desenvolvimento escolar. Argumenta-se que a falta de perspectiva no futuro causa, nos jovens, muito desânimo quanto a continuar a estudar. Outros estudos analisam a perspectiva da necessidade de o jovem trabalhar o mais cedo possível para ajudar a complementar a renda em casa, mesmo que em trabalhos de condições precárias. Há, no entanto, uma linha de pesquisa que não vem sendo explorada, em boa parte por falta de dados sobre os assuntos inter-relacionados: a perspectiva dos jovens sobre sua evasão e a existência de perguntas diretas sobre a violência doméstica e suas tomadas de decisão.

Busquei obter estas repostas tanto a partir das perspectivas dos próprios jovens como também dos profissionais que trabalham na gestão escolar e de profissionais de diversas instituições públicas que lidam diariamente com as consequências da evasão escolar e da violência doméstica. O objetivo, então, é aferir as evidências empíricas sobre este paradoxo que nos é apresentado (o alto índice de violência doméstica e intrafamiliar presente nos lares e o elevado número da evasão escolar) e, assim, buscar entender melhor os dilemas envolvidos nas decisões que muitos jovens vem tomando de se evadirem da escola, em especial no ensino médio.

A evasão escolar no âmbito do ensino médio em decorrência da convivência com a violência doméstica pode ocasionar um abandono precoce com retorno tardio aos estudos. Em tratando-se de adolescentes que, porventura, estejam saindo da escola ou retornando tardiamente devido à situação de convivência com a violência familiar e suas consequências, podemos discutir, junto à comunidade local, nas instituições escolares, a busca da criação de políticas públicas específicas para este público e/ou fortalecimento das medidas que já existam para que haja integração eficaz na vida escolar.

O trabalho está dividido nesta introdução, seguida do capítulo 2, que trata da etimologia, gênese e percursos da violência, buscando demostrar a relação entre violência e a imposição de poder. Já o capítulo 3 traz uma breve explanação dos conceitos de violência intrafamiliar e da questão de gênero, com o objetivo de encontrar uma explanação sobre o papel do assistente social frente à violência doméstica e seus efeitos no cotidiano como perspectiva da profissão e do fazer profissional. Por fim, o quarto capítulo trata da metodologia empregada, pesquisa de campo, os sujeitos, a coleta de dados e a análise dos resultados, seguindo da conclusão, momento em que busquei demostrar o que foi auferido desta pesquisa.

## 1.1 Justificativa

Pesquisas proporcionam conhecimento sobre o que realmente acontece ao nosso redor, mas que passaria de certa forma despercebido pela maioria se não existissem meios técnicos para analisar e estudar tais fenômenos. Uma vez a par da realidade, podemos, então, discutir e refletir, junto à comunidade escolar local, de maneira coerente e de acordo com as situações vividas por grupos que se encontram em situações específicas de vulnerabilidade social, psicológica e emocional.

É necessário, porém, que todos os profissionais que atuem na área da adolescência tenham conhecimento dos direitos estabelecidos pelo Estatuto da Criança e do Adolescente (ECA, 1990), bem como dos fatores de risco envolvidos no prejuízo ao desenvolvimento infantil, para que se possa intervir de forma precisa na prevenção e/ou interrupção do risco. O estudo deste tema despertou meu interesse em conhecer e aprofundar o alcance da violência doméstica nas famílias, seus efeitos e consequências.

**1.2 Objetivo geral**

Verificar se há relação entre a decisão dos alunos que se evadiram das salas de aula do ensino médio e a violência doméstica, que eventualmente exista em seus lares.

**1.3 Objetivos específicos**

Analisar, conscientizar e publicizar a importância que os aspectos sociais, emocionais e psicológicos ocasionados pela violência doméstica possuem para provocar o abandono escolar.

Detectar, entre estes casos, tais como baixo aprendizado, dificuldades na assimilação de conteúdo e dificuldades no relacionamento com colegas do ambiente escolar, se foram ocasionados por situações de violência doméstica no ambiente familiar dos estudantes.

## 1.4 Hipótese

Com a violência doméstica tão presente nos lares e de forma diária, direta e com diversas consequências, não estaria entre seus danos a evasão escolar, em uma idade em que os jovens já contam com relativo poder de decisão e/ou idade suficiente para auxiliar a família?

## 2 ETIMOLOGIA, GÊNESE E PERCURSOS DA VIOLÊNCIA

*A conjunção da violência e da razão é potencialmente tensa e, graças a essa conjunção, a violência pôde tornar-se terror [...]. Quando destacamos o papel criador da violência, não é também para abstraí-la de um contexto histórico e social, é simplesmente para revelar que ela é também "significante" dado/social e isso, no mais alto grau.*

Michel Maffesoli

## 2.1 Conceitos de violência

A violência, quando conceituada, traz ao debate enorme ambiguidade e complexidade, há um demasiado número de teóricos buscando sua conceituação, assim como soluções. Para Inácio (2003, p. 126),

> Se recorrermos às palavras *violatio, violo,* e *are,* que estão associadas ao termo *violentio,* veremos, porém, que o termo revela um sentido negativo e maléfico, indesejável. As palavras *violatio* e *onis* significam dano, prejuízo, profanação, violação, perfídia, e a palavra violo e are indicam violência à, maltratar, danificar, devastar, desonrar, transgredir,

infringir, ferir, lesar, ofender, macular.

Embora haja diversas variedades de adjetivação, uma ideia que vem à mente, quando se trata de violência, é sua natureza destrutiva. Possuidora de muitos sentidos, a violência, quando é estudada, via de regra, apresenta *caráter difuso, pouco afeito às observações diretas e de difícil ordenamento por parte dos pesquisadores*. Muitas vezes, se elaboradas como análises complementares, *ilustrativas ou auxiliares de fenômenos considerados centrais*, como observa Diógenes (1998, p. 7).

Pensar sobre a violência é um exercício contínuo para o raciocínio, buscando não a pensar como um ato isolado, externo, desviante e, sim, percebendo seu caráter aparente, deixa-se de percebê-la em suas formas mais ocultas e sutis, que abrangem um significado mais profundo na sociedade. Para Osterne (2007, p. 29), comumente se entende por violência o uso da força de indivíduos ou grupos contra outros, a própria noção de *outro* passa a ser importante no esforço de transpor as intransparências peculiares ao fenômeno da violência.

Para Maffesoli (1987, p. 21), *já é tempo de avaliar a violência ou a dissidência como um elemento estrutural do fato social e não como um saldo negativo anacrônico de uma ordem barbara em vias de desaparecimento*. O autor nos chama a atenção para este dualismo, que busca formular e destruir este caráter contraditório que é intrínseco à violência, pois, em seu *aspecto infernal, demoníaco, remete a uma simbiose de forças, de energias que cria ou renova a estrutura social* (MAFFESOLI, 1987, p. 25).

Para Arendt (1985, p. 25), após descrevê-la em curtos parágrafos, afirma que a violência se distingue por seu caráter instrumental. Arendt alerta que a violência "está próxima do vigor, uma vez que os instrumentos da violência, como todos os demais, são concebidos e usados para o propósito da multiplicação do vigor natural até que, no último estágio de desenvolvimento, possam substituí-lo".

Ao conceituarmos violência, é inevitável lembrarmos de agressividade. Nós, seres humanos, temos uma agressividade intrínseca, natural, possivelmente até biológica, seja para protegermos o que é nosso ou para conquistar o que desejamos. Essa característica é mais evidente nas crianças; nesta fase, o ser humano passa por um processo civilizatório, adequando-se ao meio social em que convive, sendo educado para controlar a agressividade por meio de regras de convivência e preceitos morais.

Outro termo que nos vem à mente é conflito, este é inevitável e necessário concomitantemente. Conflitos são entendidos como saudáveis e promotores de desenvolvimento uma vez que, geralmente, abordam temas que levam as sociedades a progredirem, mesmo que sob óticas diferentes. Tanto ao lidar com a agressividade quanto com o conflito a relação se dá com o outro, sobre o outro ou dependente do outro.

Para Velho (1996, p. 11), o conceito de *outro* nos traz o entendimento de que o diferente é constituinte da vida em sociedade, à medida que essa diferença é efetivada por meio do dinamismo existente nas relações sociais, ou seja, a diferença é, simultaneamente, o aspecto basilar da vida social e atual fonte de situações conflituosas e tensas. Enfatiza, então, que,

> [...] longe de a vida social constituir-se em um processo homogêneo em que a sociedade como unidade circunscreve e produz os atores linearmente, explícito uma visão que a negociação da realidade, a partir das diferenças, é consequência do sistema de interações sociais sempre heterogêneo e com potencial de conflito.

Das tipificações em que se caracterizam a violência estão a violência psicológica, moral, sexual e física. Dentre estas a mais noticiada, veiculada e difundida certamente é a física, seja por seu caráter mais aparente seja por ser marcante ao ser observada ou por ser o aspecto mais fácil de ser reconhecido como violência. De qualquer forma, quando a violência física está presente nas relações é porque outras manifestações de violência estiveram, e ainda estão, presentes.

Desde as sociedades complexas e modernas, também é observada em sociedades mais simples, e até mesmo nas primitivas. No final do século XX, a violência passa a ser vista como fenômeno de importante impacto social na vida pública e particular. Segundo Diógenes (1998), a violência *desloca-se*, por não mais aceitar um específico espaço geográfico de ordem/violência, particularmente nas grandes cidades.

Assunto constante e diário, a violência se tornou importante nas oratórias dos mais diversos púlpitos e palanques. Sendo um aspecto tão presente no dia a dia dos cidadãos, em muitos momentos, as propostas sobre seu fim são as promessas que mais angariam eleitores e, por conseguinte, votos. Há bancadas em casas legislativas que, em tese, têm seus trabalhos envoltos em projetos para pôr fim à violência. Infelizmente, como qualquer outra promessa, cai em esquecimento após seus interlocutores, até mesmo os mais audaciosos, conseguirem vencer o pleito. Passa, então, a servir de acessório em discursos com finalidades apenas retóricas, que servem mais para preencher o tempo de atores em um teatro onde as consequências mais cruéis chegam para alguns mais que para outros.

No Brasil, a violência é, por vezes, difundida como sendo fruto, ação e atitude de pessoas pobres, sem instrução. Moradores de determinadas regiões, de cor pré-definida, sendo algo certo no cotidiano, fazendo-se presente no dinamismo social e ligada a constrangimentos morais e físicos. Uma das maiores produtoras de conflitos, sem dúvidas, é a desigualdade social, legitimada por conceitos presentes nos universos simbólicos. Onde há este nível de desigualdade social, os indivíduos passam a ser vistos como os não-cidadãos. Para Velho (1996, p. 14), sobre o Brasil, "[...] a cidadania não se impôs como valor nem implementou mecanismos democráticos que possibilitassem o desenvolvimento de um sistema sócio-político minimamente satisfatório para a maior arte da população do país".

## 2.2 Violência e poder

A violência, por vezes, é utilizada como forma de demonstração de poder ou como forma de atingi-lo e obtê-lo. Não é diferente quando se trata de poder em relações pessoais e íntimas, como é o caso das relações conjugais, em tentativas de demonstrar para outros e para si uma situação de pertencimento de um em relação ao outro, alguns indivíduos se valem de violência em suas mais diversas formas.

Para Hannah Arendt (1994), poder e violência são termos opostos: a existência de um denuncia a ausência do outro.

> O poder corresponde à habilidade humana não apenas para agir, mas para agir em concerto. O poder nunca é propriedade de um indivíduo; pertence a um grupo e permanece em existência apenas na medida em que o grupo se conserva unido. Quando dizemos que alguém está no "poder", na realidade nos referimos ao fato que ele foi empossado por um certo número de pessoas para agir em seu nome. A partir do momento em que o grupo, do qual se originara o poder desde o começo (*potestas in populo*, sem um povo ou grupo não há poder), desaparece, 'seu poder' também se esvanece. Em seu uso recorrente, quando falamos de um 'homem poderoso' ou de uma 'personalidade poderosa', já usamos a palavra 'poder' metaforicamente; aquilo a que nos referimos sem a metáfora é o 'vigor' (ARENDT, 1994, p. 36-37).

Em relação ao vigor, assim se expressa a autora: "O vigor inequivocamente designa algo no singular, uma entidade individual; é a propriedade inerente a um objeto ou pessoa e pertence ao seu caráter [...]" (ARENDT, 1994, p. 37). Sobre força, ainda comenta:

> A força (force), que frequentemente empregamos no discurso cotidiano como um

sinônimo de violência, especialmente se esta serve como meio de coerção, deveria ser reservada, na linguagem terminológica, às 'forças da natureza' ou à 'força das circunstâncias' *(la force des choces)*, isto é, deveria indicar a energia liberada por movimentos físicos ou sociais (ARENDT, 1994, p. 37).

Outro termo empregado de forma abusiva e enganosa é *autoridade*:

A autoridade pode ser investida em pessoas, no caso entre crianças e seus pais, entre aluno e professor, ou em cargos como, por exemplo, no Senado; ou em postos hierárquicos da igreja. [...]. Sua insígnia é o reconhecimento inquestionável por aqueles a quem se pede que obedeçam; nem a coerção nem a persuasão são necessárias. [...]. Conservar a autoridade requer respeito pela pessoa ou pelo cargo. O maior inimigo da autoridade é o desprezo, e o mais seguro meio para mina-la a risada (ARENDT, 1994, p.37)

Para Osterne (200, p. 37), a redução do poder pela incapacidade de agir em conjunto é um convite à violência. A violência só tem sentido quando se torna uma reação e tem medida, como no caso da legítima defesa. Perde sua razão de ser quando se transforma numa estratégia, a saber, quando racionalizada se converte em princípio de ação. Arendt resume, enfaticamente;

> [...] politicamente falando, é insuficiente dizer que poder e violência não são o mesmo. Poder e violência são opostos, onde um domina absolutamente o outro está ausente. A violência aparece onde o poder está em risco, mas deixada a seu próprio curso, ela conduz à desaparição do poder. [...] Falar de um poder não violento é de fato redundante (ARENDT, 1994, p. 44).

Nos estudos feministas e sobre gênero, não raro, se encontram relatos e até mesmo análises sobre as relações de poder e violência. Ao tratar do tema poder, é imprescindível falar de resistência. Onde o poder passa a atuar, ali também haverá resistência, os movimentos de mulheres, embora sejam cruciais neste processo, ainda não têm conseguindo tanto espaço neste assunto quanto autores como Foucault, que traz uma visão inovadora sobre o poder, sugerindo que *o poder não está localizado no aparelho de Estado que nada mudará na sociedade se os mecanismos de poder que funcionam fora, abaixo, ao lado dos aparelhos de Estado a um nível muito mais elementar, quotidiano, não forem modificados* (FOUCAULT, 1986, p. 150).

## 2.3 Violência intrafamiliar e de gênero

A violência intrafamiliar tem uma dimensão ampla, afeta toda a sociedade e continuamente causa danos, especialmente às mulheres, crianças, jovens e idosos. O conceito de família é bem amplo e a cada dia tem se expandido mais, geralmente é formada por duas ou mais pessoas com laços consanguíneos, de convivência e/ou afetivos. A família é o primeiro núcleo onde os indivíduos convivem, recebem orientação, valores, costumes; são instruídos de forma direta e pelo exemplo, é neste círculo de convivência que os seres humanos começam a formar suas personalidades, e carregam a bagagem emocional construída neste período por toda a vida. O espaço doméstico promove uma dinâmica bem complexa, em que se entrelaçam sentimentos ambíguos, é onde a condição humana passa a ter suas necessidades atendidas. Por sermos sujeitos com diversas personalidades e múltiplas necessidades, dificilmente deixam de existir conflitos, quer seja por atenção, por espaço, por afeto, ou até mesmo pelo poder. Quando uma família se forma sem base, sem capacidade de compreensão e de diálogo, por muitas vezes, surge ali um espaço de violência.

As inter-relações de poder não são estáticas, e esta constante mudança está presente também nas formações das famílias tanto na sua constituição; famílias reconstruídas, com casais do mesmo sexo, monoparentais, filhos com pais biológicos, filhos com pais adotivos. Quanto no contexto das relações de poder que advém destas mudanças, as subjetividades e suas expectativas são expressas de novas formas, conforme as mudanças acontecem na estrutura familiar ou na forma como o papel de cada membro passa a ser encarado.

Durante séculos, os homens foram educados para serem o arrimo da família, o responsável não só pelo sustento, como também pela proteção familiar. Esta educação também colocava o homem como o participante da vida social, o autor de realizações profissionais, aquele que detinha o direito "natural" de ser o detentor de autonomia, sobre si e sobre os outros que fizessem parte de seu grupo familiar, e, por vezes, também do grupo social com o qual convivesse. Desta forma, coube à mulher um papel secundário, de submissão, desde a responsabilidade exclusiva das atividades domésticas até ao que se tratava a assuntos profissionais e acadêmicos. Esse processo recebe o nome de socialização de gênero, no qual a cultura já tem pré-definido o papel que cada um deve desempenhar na sociedade.

Essa forma de socialização trouxe diversos danos à família como um todo. Quer pelo aspecto moral quanto financeiro, esta desigualdade refletiu nas relações de classe e suas contradições, é possível notar nesta afirmação de Engels:

> O primeiro antagonismo de classe que apareceu na história coincide com o desenvolvimento do antagonismo entre homem e a mulher na monogamia, e a primeira opressão de classe coincide com a opressão do sexo feminino pelo sexo masculino. A monogamia foi um grande processo histórico, mas ao mesmo tempo, ela abre, ao lado da escravatura e da propriedade privada, a época que dura ainda hoje, onde cada passo a frente é, ao mesmo tempo, um relativo passo para trás; o bem-estar e o progresso de uns se realizam através de infelicidade e do recalcamento de outros. Ela é a forma celular da sociedade civilizada, sobre a qual podemos estudar já a natureza das contradições e dos antagonismos que aí atingem seu pleno desenvolvimento (ENGELS, 1975, p.70-71).

Com esta afirmação, Engels (1975) demostra como as ações humanas têm faces antagônicas, sendo duas faces em uma mesma moeda.

As desigualdades que hoje presenciamos na sociedade surgem da exploração entre os seres humanos, porém, a exploração que o homem exerce sobre a mulher tem suas peculiaridades, como sintetiza Alamber:

> A exploração do ser humano pelo ser humano e a supremacia do homem sobre a mulher têm então a mesma origem: a propriedade privada dos meios de produção e a inserção no processo produtivo social. A mulher, excluída de uma e de outro, permanece excluída da sociedade e oprimida na família, pertença ela a classe exploradora ou, com maior razão, se pertence à classe explorada (ALAMBERT, 1980, p. 109).

Este papel de subordinação da mulher tem sido incentivado, ao longo dos anos, por aqueles que usufruem destas desigualdades. Esta situação tem se perpetuado, como é explicitado por Lênin:

> Após milênios de estruturação das sociedades classistas, a divisão dos papéis se solidificou. Ela foi acompanhada de um trabalho ideológico constante, que começa na família, continua na escola, perpassa pela igreja e termina nos mios de comunicação de massas; um trabalho que tende a racionalizar e justificar a inferioridade das

> mulheres, a sua segregação; um
> trabalho que encontra sua
> expressão antiga já nos mitos
> dos povos primitivos (LÊNIN,
> 1981, p. 112).

A submissão imposta à mulher por meio de uma cultura de opressão priva-lhe de ser um ser social autônomo e ativo socialmente, como sustenta Garcia,

> Um sexo se torna forte,
> poderoso, senhor da vida e da
> morte; o homem. Um sexo se
> torna fragilizado, é tomado com
> violência, é submetido à guarda,
> é desvalorizado: a mulher. Nas
> relações homem-mulher, insere-
> se, de forma estranhada, radical,
> a violência. Postas em situação
> de vulnerabilidade social, como
> diz Meillassoux, doravante ficam
> excluídas das atividades,
> socialmente tão importantes, da
> caça e da guerra, posto que não
> podem se expor, e restam-lhes
> as atividades menos
> gratificantes, a cozinha, o
> trabalho no campo etc.
> (GARCIA, 1996, p. 168).

Quando a mulher passa a participar da produção social, com o advento das indústrias e da necessidade de maior quantidade de mão de obra em serviços extenuantes, encontraram-se, a partir de então, envoltas em uma condição de dupla jornada de trabalho. As de classe sociais mais abastadas seriam trabalhadoras liberais, exercendo profissões tais como médicas e enfermeiras, mas, mesmo estas, ainda enfrentariam uma dupla jornada em casa. Tal situação é definida por Engels:

> A família individual moderna tem por alicerce a escravatura doméstica, dissimulada, da mulher...O homem de nossos dias, na maioria dos casos, se ganha o suficiente para o sustento da família, e isto lhe dá um lugar preponderante que não precisa ser privilegiado por lei, se torna em relação à mulher um burguês, e a mulher em relação a ele, proletária (ENGELS, 1975, p. 80).

Posta a situação que é imposta às mulheres cultural e historicamente, analisaremos a violência que vem se perpetuando quase que "naturalmente", visto que a relação homem-mulher não é detentora de igualdade. A busca pela manutenção do poder envolve tanto se utilizar da força social que o gênero traz consigo, quanto de força e violência. A dependência da mulher é incentivada, e até mesmo a definição de seu lugar cultural e social como mães, filhas, esposas demonstra a dependência a que são submetidas, de relações para o outro e não com o outro.

Tem sido noticiada, cada vez mais, a violência presente nos momentos de rupturas de relacionamentos, tanto que é, por vezes, necessária uma intervenção externa para que uma mulher consiga pôr fim a um relacionamento afetivo em que exista violência. Momento que não é nada fácil, e tem se tornado mortal para inúmeras mulheres. Segundo Saffioti (2004, p. 79), "mulheres em geral, e especialmente quando são vítimas de violência, recebem tratamento de não-sujeito". Desde o apoio familiar até o suporte institucional, a mulher vive uma situação de degeneração do que significa ser humano.

Uma das manifestações da questão social, a violência precisa ser bem compreendida com base em suas manifestações, que se situam no âmago das contradições sociais. A violência psicológica, também conhecida como emocional, provoca sentimentos torturantes, capazes de causar até desequilíbrios mentais. A violência psicológica, muitas vezes, é exercida através de insinuações, humilhações, palavrões, acusações infundadas ou ofensas, por exemplo, criando trauma por toda a vida.

Por violência sexual, entende-se ato sexual homossexual ou heterossexual praticado de maneira forçada, com agressividade, para obtenção de prazer por meio da força. Já a violência moral atinge a dignidade, a moral, a honra da vítima tanto direta quanto indiretamente. Assim como se dá a violência psicológica, a violência moral, por vezes, se dá através de humilhações, discriminação, trapaças e até mesmo de restrições à liberdade.

A violência simbólica está, ocasionalmente, presente nas relações sociais vigentes. Esta dimensão é tratada por Bourdieu (1999, p. 47):

A violência simbólica se institui por intermédio da adesão que o dominado não pode deixar de conceder ao dominante ( e, portanto, à dominação) quando ele não dispõe, para pensa-la e para se pensar, ou melhor, pensar sua relação com ele, mais que de instrumentos de conhecimentos que ambos têm em comum e que, não sendo mais a forma incorporada da relação de dominação, fazem esta relação ser vista como natural; ou, em outros termos, quando os esquemas que ele põe em ação para se ver e avaliar, ou para ver e avaliar os dominantes (elevado/baixo, masculino/feminino, branco/negro etc.), resultam da incorporação de classificações, assim naturalizadas, de que seu ser social é produto.

Saffioti (2004, p. 81) comenta que *a violência de gênero, inclusive em suas modalidades familiar e doméstica, não ocorre aleatoriamente, mas deriva de uma organização social de gênero, que privilegia o masculino.* A violência doméstica, por ocorrer envolta a uma relação afetiva, por vezes, ocorre em momentos de tentativa de término e, geralmente, ocorre no interior dos domicílios.

## 2.4 O papel do (a) assistente social frente a violência doméstica

O assistente social, profissional de nível superior, atua na ampliação dos direitos disponíveis para a população e em sua maior efetivação. O assistente, ao fazer a intervenção, analisa a situação do indivíduo, relacionando sua situação com o todo, ou seja, com as estruturas da sociedade que atuam de forma mais ampla. Principalmente quando se trata de violência doméstica, este profissional busca verificar o efeito dos papéis de gênero e a perpetuação da violência, para só então trabalhar no sentido de coibir práticas que perpetuam o machismo, mesmo as formas sutis, que culminam por tornar comum e até tentam naturalizar a violência doméstica.

Visto que a violência doméstica é um fenômeno social, é vital que seja enfrentada com estratégias, políticas públicas e intervenções sociais diretas. Sendo o serviço social uma profissão interventiva, esta utiliza-se de técnicas e de instrumentos que são articulados em diversas dimensões, como teórica, ética e política. Dentre os instrumentos técnico-operativos que são utilizados pelo profissional de serviço social, podemos citar a entrevista. Quando a mulher chega à instituição, ela é acolhida e ouvida. Por meio de escuta e observação, o profissional busca captar e articular a situação apresentada sem proferir julgamentos. A visita domiciliar é um instrumento crucial, uma vez que é quando se faz necessária a abordagem aos vizinhos para obter dados sobre a situação, sendo um importante meio para conhecer a realidade em que a mulher e seus familiares estão inseridos.

O trabalho em rede é um instrumental técnico-operativo, sabendo que a atuação dos diversos equipamentos em consonância aumenta as chances de que haja uma melhor efetivação dos direitos. O profissional de serviço social atua conjuntamente aos demais profissionais e departamentos; no entanto, muitas vezes, as condições institucionais não estão aptas a entender as necessidades das vítimas, demonstrando uma contradição entre as necessidades dos usuários, a legislação e o que realmente é ofertado. Por vezes, os profissionais se deparam com estrutura física inadequada, insuficiência de profissionais técnicos especializados. Essa dificuldade, ocasionalmente, culmina em um enfrentamento inadequado à questão da violência doméstica e ao suporte a seus familiares.

O assistente social, como profissional propositivo, tem lançado luz sobre a necessidade da efetivação de políticas sociais; seu trabalho vem sendo realizado junto a instituições que atendem mulheres vítimas de violência doméstica, nas áreas da educação, assistência social, saúde, infraestrutura. Busca-se a transformação da realidade por meio do trabalho emancipador, desenvolvendo o auto resgate da confiança e da autoestima para que as mulheres e seus familiares se reconhecem como sujeitos de direitos e, através desta conscientização, possam mudar suas realidades. Para Iamamoto (1999, p. 52),

> O grande desafio na atualidade
> é, pois, transitar da bagagem

teórica acumulada ao enraizamento da profissão na realidade, atribuindo, ao mesmo tempo, uma maior atenção às estratégias e técnicas do trabalho profissional, em função das particularidades dos temas que são objetos e estudo e ação do assistente social.

É urgente que práticas profissionais e acadêmicas sejam analisadas sob uma perspectiva crítica de posicionamento quanto à reprodução do machismo e às atitudes sexistas, mesmo as mais veladas e culturalmente estabelecidas, para que o fazer profissional passe a ser realizado de maneira reflexiva e propositiva para um mundo melhor onde não exista violência.

## 2.5 O feminismo como movimento político contra a violência doméstica e estudos de gênero

Quando se trata de feminismo, a melhor forma de expressão é feminismos, pois são movimentos sociais, ideológicos e políticos que abarcam uma imensa pluralidade em busca de estabelecer pautas para as mulheres no sentido econômico, político e no alcance pleno dos direitos sociais, o que inclui oportunidades iguais na educação e no trabalho, na atuação política profissional e em meio a sociedade civil e seus instrumentos de atividade social. Ao longo dos anos, muitos movimentos feministas vêm se desenvolvendo em torno das mais diversas pautas, representado pontos de vistas diferentes e objetivos variados. Alguns destes movimentos têm sido duramente criticados quando se trata de exemplos que, ao invés de buscarem inclusão, terminam por excluir mais ainda algumas mulheres, como o movimento feminista atuante apenas em universidades e praticado por mulheres com boa escolaridade e alto nível econômico. Em decorrência disto, surgiram novos movimentos, como o feminismo interseccional e o movimento feminismo negro, que surgiram a fim de abarcar etnias específicas e formas multiculturais.

A análise central do estudo de gênero é a identidade de gênero, sendo caracterizado por seu caráter interdisciplinar; neste campo, o principal objeto de estudo é, sem dúvidas, a mulher. Muitas vezes, estudos de gênero são incluídos em estudos sobre sexualidade e vice-e-versa. Estes estudos são de muita importância, pois nos mostram como os papeis predeterminados de homens e mulheres se deslocam na sociedade e nas relações sob os aspectos sociais e culturais.

As violências e discriminações as quais as mulheres foram historicamente submetidas são então questionadas de forma pública, clara e profunda pelos movimentos feministas, promovendo visibilidade quando se trata dos direitos das mulheres. Um dos primeiros aspectos expostos foi a caracterização da mulher apenas pelo aspecto físico, pelo corpo. Como consequência, a educação, a participação política e posições de tomadas de decisão foram negligenciadas ao longo dos anos, reforçando, de forma material, a cultura patriarcal, que delegava para a mulher um papel menor e privado, dedicado ao lar e à família. Contudo, este caráter íntimo e privado trouxe consigo a violência doméstica, em seus muitos aspectos, como algo natural a ser vivenciado pelas mulheres. Portanto, vivendo assim, silenciadas e em aceitação pela situação vivida, reforçando um caráter natural da violência e fazendo crer que era um aspecto a ser aceito pelo seu papel social.

Tendo que lutar para ter dignidade, liberdade e autonomia, as mulheres têm, nos estudos de gênero, um forte aliado que vem dando suporte para a compreensão do fenômeno da violência e sua complexidade. Portanto, é urgente que todos os campos do conhecimento sejam revisitados e analisados, visto que foram construídos com uma perspectiva sexista e machista, possibilitando reconhecer mecanismos de opressão que possam ter sido naturalizados com o passar do tempo, gerando assim perspectivas equivocadas sobre até mesmo o fazer profissional de muitas profissões no dia a dia em relação ao papel que a mulher deve ou pode ocupar. Um exemplo disso são as mulheres escritoras que, por muitos anos, tiverem seus trabalhos usurpados pelos companheiros ou, então, utilizavam-se de nomes masculinos ou heterônimos para a publicação de seus trabalhos. Ou, ainda, para que fossem valorizados e levados a sério não só pelos mercados editoriais como também pelos leitores, inclusive acadêmicos.

Vale ressaltar o Direito, que não só excluiu as mulheres de participarem de seu campo de estudo, como legitimou práticas de discriminação e até mesmo de violência contra a mulher. Há histórico de leis e normas que restringiam as mulheres a apenas o espaço doméstico, e até mesmo justificavam e legitimavam a não participação da mulher na economia, na política e colocavam o corpo da mulher como sendo pertencente a um homem, tendo seu domínio exercido pelo pai, irmão e, por fim, pelo marido. Ao longo dos anos, o corpo da mulher não foi apenas negligenciado, como foi maculado pelas ciências jurídicas por meio de leis, doutrinas e linguagens preconceituosas. O poder religioso e jurídico, por muitas vezes, respaldou agressões contra as mulheres com a justificativa de que estas não estavam sendo "boas donas de casa" e "desobedecendo aos seus senhores".

É importante pontuar o que estava no Código Civil de 1916, impossibilitando as mulheres de assinarem contratos sem expressa autorização do marido, fazendo com que a mulher possuísse um status legal de incapaz. Este mesmo código estabelecia que o homem tinha até dez dias para devolver a mulher caso tivesse casado com ela e, após conjunção carnal, descobrisse que a mesma não era mais "pura", ou seja, virgem. Ainda sobre códigos civis, temos o Código Penal de 1940, que previa o abrandamento da pena de quem agisse sob domínio de forte emoção, o qual foi (e ainda é) um imperativo amplamente utilizado por homens que praticaram violência doméstica e feminicídio, e até mesmo se utilizam de argumentos de que esta reação foi causada pela própria vítima. Há, também, o argumento de legítima defesa da honra, vastamente utilizado por advogados em defesa de réus agressores e assassinos de suas companheiras.

Um dos casos mais emblemáticos ocorridos no Brasil foi o assassinato da jovem Ângela Diniz em 1976, morta a tiros pelo companheiro Doca Street. Seus advogados alegaram legítima defesa da honra, acusando-a de traição e classificando-a como uma "mulher fatal". Com esta argumentação, Doca Street não só foi absolvido como ovacionado nas ruas, sendo recebido com aplausos na saída do tribunal. Contudo, o caso teve uma reviravolta e, no ano de 1981, com a luta do movimento feminista ganhando visibilidade e após pressionarem bastante sobre este caso, houve novo julgamento e só então ele foi finalmente para a prisão, após ser condenado.

O fato de a sociedade ter se posicionado em favor do assassino da companheira e de os operadores do Direito em questão terem apoiado e até se utilizado de argumentos machistas e sexistas demonstra o grau de enraizamento e domínio da cultura patriarcal, e o quão são socialmente aceitos e difundidos. Mesmo no contexto atual, em uma sociedade pós-Lei Maia da Penha e com importantes avanços em políticas públicas para as mulheres, ainda faltam, no Brasil, teorias feministas que busquem analisar, sob a perspectiva do direito, a estrutura jurídica e avaliar até que ponto está respaldando o machismo e a cultura patriarcal.

Ao longo de décadas, as mulheres vêm sendo taxadas de seres emocionais, porém com emoções passivas como medo, surpresa, frívola felicidade, tristeza e compaixão, colocando-as como seres passivos e suscetíveis de serem dominados, enquanto os homens são detentores de sentimentos mais fortes como a raiva, a busca de poder e a necessidade de obter e manter seu espaço nas diversas esferas e espaços da sociedade, ou seja, possuem uma natureza marcadamente dominante. No entanto, isso nada mais é do que a forma como ambos têm sido socializados ao longo dos anos. É interessante destacar o quão importante é o fator social na identidade de gênero, superando até mesmo o fator biológico.

# 3 O IMPACTO DA VIOLÊNCIA DOMÉSTICA E INTRA FAMILIAR NAS CRIANÇAS E JOVENS EM SEU DESENVOLVIMENTO

## 3.1 O impacto da violência intrafamiliar no desenvolvimento psíquico infantil

A criança que convive e presencia situações de violência contra seus familiares e a ela própria desenvolve consequências perversas. Muitas delas sofrem danos diversos, segundo Reis, Prata e Parra (2018, p. 2),

> [...] alguns são os pensamentos intrapessoais (medo, baixa-estima, sintomas de ansiedade, depressão, pensamentos suicidas), saúde emocional (instabilidade emocional, problemas em controlar impulsos e raiva, transtorno alimentar e abuso de substâncias), habilidades sociais (comportamento antissocial, problemas de apego, baixa competência social, baixa simpatia e empatia pelos outros e criminalidade), aprendizado (baixa realização acadêmica, prejuízo moral) e saúde física (queixa somática, falha no desenvolvimento, alta mortalidade).

As consequências da violência no seio familiar têm repercussões perversas não apenas imediatas, mas a médio e longo prazo na vida do indivíduo. Além disso, as psicopatologias e demais danos causados também refletem na vida social, nas escolhas pessoais, nas relações cotidianas e, principalmente, em seu comportamento. Isto tudo traz enorme prejuízo pessoal e familiar, e a reprodução da violência vivida por parte das vítimas é muito provável: em um ciclo cruel, podem vir a perpetuar a violência vivida e aprendida, trazendo sofrimento para os que convivem com estas situações e até mesmo por quem as pratica em possíveis momentos de reflexão ou de enfrentamento com as consequências de seus atos e palavras.

Modelos de comportamentos moldados a partir de exemplos violentos são realidades no cotidiano de muitos jovens que aprendem, muitas vezes, a utilizar a violência como instrumento legítimo em suas relações não só sociais como, em especial, nas relações afetivas. Para Bessa, Costa e Torres (2016 apud REIS; PRATA; PARRA, 2018, p. 10): "é no seio familiar que são transmitidos os valores morais e sociais que servirão de base para o processo de socialização da criança, bem como as tradições e os costumes perpetuados através gerações".

O papel principal na participação no desenvolvimento biopsicossocial dos indivíduos é, sem dúvidas, de seus familiares. São desenvolvidas neste contexto suas funções sociais, biológicas e psicológicas. As primeiras trocas emocionais ocorrem no seio familiar entre seus familiares, não só é onde primeiro o indivíduo desenvolve vínculos afetivos como também o significado destes outros indivíduos na vida do jovem é de suma importância. A qualidade nestas relações tem influência direta sobre a saúde mental e emocional destas pessoas. Segundo Pratta e Santos (2007), a relação familiar tem influência direta no possível aparecimento de déficits e transtornos psicoafetivos nestes indivíduos.

Desde os primórdios das sociedades mais antigas, a família tem sido quem primeiro demonstra modelos tanto de crenças como de valores e de formas de agir para os mais novos. Esses valores são reproduzidos, modificados ou ignorados, mas, de fato, têm imensa importância no desenvolvimento infantil e dos jovens, segundo Souza (2018):

> A transmissão psíquica, ou transgeracionalidade, é também uma forma de alienação, ou seja, o indivíduo reproduz fortuitamente tal conteúdo, sem mesmo se perceber agindo de tal modo. A transgeracionalidade torna os sujeitos, espectadores de sua própria vida, vivendo muitas vezes, de forma automática, apenas

reproduzindo passos já vividos por outras pessoas, sem conseguir se desvencilhar deste ciclo.

Um dos fatores que mais influencia o desenvolvimento de um indivíduo é a cultura. Quando o ambiente que permeia as relações é um ambiente violento, envolto em episódios de violências múltiplas e continuadas, como é a violência doméstica, a influência direta desta cultura nos indivíduos traz sérios comprometimentos em sua forma de encarar as relações pessoais e familiares, muitas vezes até refletindo em seu comportamento social.

A violência doméstica é cíclica, fazendo com que ocorram períodos em que há forte tensão, insultos e raiva, que culminam em agressões físicas e verbais e, então, este agressor, muitas vezes, demonstra arrependimento e até pede perdão para a mulher. Este tipo de comportamento acaba gerando, na vítima, uma expectativa de uma possível mudança de personalidade do agressor. Essa oscilação de comportamento contribui diretamente para dificultar a ruptura do relacionamento, pois leva a crer que existe sentimento na relação e a possibilidade de que o relacionamento um dia mude e o ciclo de agressões termine.

## 3.2 Desenvolvimento da Aprendizagem e Violência Doméstica

Quando a aprendizagem é analisada sob o aspecto familiar e não apenas escolar, ficam evidentes as possibilidades de maior qualidade no desenvolvimento se fossem realizadas mudanças positivas na vida das crianças e jovens, visto que, além de pobreza e o número limitado de oportunidades, muitos ainda têm que lidar com violência doméstica e intrafamiliar. Portanto, verificar o desenvolvimento apenas sob o aspecto pessoal é uma análise limitada e limitante para o desenvolvimento das habilidades e as potencialidades de cada um. O prejuízo cognitivo e social causado pela violência doméstica nas crianças e jovens vem sendo estudado em pesquisas realizadas tanto no Brasil quanto no exterior. Com o desenvolvimento prejudicado, o nível de sucesso escolar tende a cair e a qualidade do aprendizado fica muito aquém da média escolar.

O Estatuto da Criança e do Adolescente, no seu art. 245, estabelece que a escola e outros estabelecimentos têm a função de zelar pelo bem-estar da criança e do adolescente, denunciando seus agressores, afim de que observem o comportamento e as atitudes que se manifestam no cotidiano como choro, apatia e, uma das principais, faltas às aulas e o baixo rendimento escolar. É impossível que uma criança convivendo com violência possa seguir seu desenvolvimento escolar sem apresentar sinais de que algo não vai bem em sua família e em suas relações familiares. Há casos em que o aspecto físico também demonstra os danos da situação vivenciada, como negligência e até mesmo agressão, podendo vir a apresentar ansiedade, tristeza ou ambos.

A dificuldade em se expressar oralmente, de possuir uma linha de raciocínio coesa e de colocá-la por escrito, raciocínio lógico-matemático, interpretação textual com conceitos subjetivos, são problemas pedagógicos apresentados por quem passa por episódios de violência doméstica e intrafamiliar. Essas dificuldades comprometem todo o desenvolvimento escolar e de aprendizagem dos indivíduos que têm, não apenas o comprometimento do seu presente, como, principalmente, de suas perspectivas de futuro. A violência doméstica altera toda a estrutura familiar, afetando diretamente o desenvolvimento psicossocial dos alunos que demonstram, em seu desempenho escolar, os danos sofridos.

### 3.3 Lei Maria da Penha e Lei do Feminicídio e seus impactos legais e sociais na vida das mulheres

A lei nº 11.340/2016, conhecida como Lei Maria da Penha, trouxe a possibilidade de resguardar os direitos da mulher ao tratar como violação dos direitos humanos a violência doméstica e familiar contra a mulher. O nome da então referida lei se deu em razão e virtude de homenagear uma vítima de violência doméstica, que, após reiteradas denúncias sobre a violência que sofria nas mãos de seu ex-companheiro, teve sua capacidade de andar retirada após ser baleada por ele, tendo sobrevivido e empreendido uma luta em favor das mulheres que são vítimas deste tipo de violência.

Passando a vigorar no ano de 2006, a lei Maria da Penha trouxe elementos para coibir e prevenir a violência doméstica sob seus aspectos mais comuns, que são: violência física, psicológica, sexual, patrimonial e moral. Para Campos (2008, p. 09):

> A violência contra a mulher constitui uma manifestação das relações de Poder historicamente desiguais entre homens e mulheres, que levam à Dominação e à discriminação por parte do homem, impedindo

o avanço Pleno da mulher e lhe atribuindo um papel secundário. A essa violência, que nasce da superioridade imposta por um sexo ao outro – dos Homens sobre as mulheres – e afeta toda a organização social, convencionou-se chamar violência de gênero, que é a violência sofrida pelo simples fato de ser mulher, sem distinção de raça, classe social, Religião, idade ou qualquer outra condição, produto de um sistema social que subordina o sexo feminino.

Considerada a necessidade vital de amparo legal para as mulheres em virtude de uma sociedade tão preconceituosa e machista, temos, então, de forma oportuna, a lei Maria da Penha e seus mecanismos. Sobre as práticas da violência, leciona Campos (2008, p. 15):

Várias são as causas que levam os homens a agredirem as mulheres, que na maioria das vezes são suas esposas e mães de seus filhos. Dentre os fatores que contribuem para a ocorrência da violência temos os fatores individuais, de relacionamento, os comunitários, os sociais, os econômicos, os culturais e ainda os fatores de história pessoal. [...] muitos pesquisadores acreditam que o álcool funciona como um fator desencadeador da prática da violência, sendo considerado um elemento situacional, aumentando em muito a probabilidade de violência, ao reduzir as inibições, anuviar o julgamento e coibir a capacidade de pessoa de interpretar os sinais.

O mesmo autor explana que:

Outro fator também relacionado com a violência é o distúrbio da personalidade, ou seja, existe uma grande probabilidade de que homens que agridem suas esposas sejam emocionalmente dependentes, inseguros e tenham baixa autoestima e, assim, é mais provável que tenham dificuldade em controlar seus impulsos. Em nível interpessoal, o fator mais consistente para o aparecimento da violência doméstica é o conflito ou a discórdia presente nos relacionamentos, pois o casal ao iniciar uma discussão, primeiramente agride-se verbalmente, essa agressão vai de moderada à forte culminando com a agressão física, devido ao nível de estresse a que se expõe o relacionamento, além de outros aspectos ligados ao desgaste da união, como companheirismo, estabilidade emocional, imaturidade e a total incapacidade de resolução dos problemas (CAMPOS, 2008, p. 16).

Por ser um fenômeno social, este tipo de violência deve ter apoio dos atores sociais responsáveis pelas políticas públicas e pelos que as devem implementá-las. A referida lei trouxe um amparo legal para as mulheres e veio nortear como os agentes públicos devem lidar com essas situações presentes na sociedade brasileira em todos as camadas sociais e econômicas.

Após a visibilidade dada pela lei e seu aspecto preventivo, a sociedade passou a demandar ações por parte do poder público que pudessem trazer medidas efetivas em prol da mulher e seus familiares. Como exemplo, podemos citar o plano nacional de políticas para as mulheres, que prioriza autonomia econômica, igualdade de gênero no mundo do trabalho, educação inclusiva e não sexista, saúde da mulher através dos direitos reprodutivos e sexuais, inclusão da mulher nos espaços de poder e decisão, garantia de desenvolvimento sustentável para as mulheres que vivem no meio rural, na cidade e na floresta, medidas de enfretamento das dificuldades geracionais que atingem, sobretudo, as mulheres idosas, instituição e fortalecimento de conselhos locais voltados a priorizar os direitos da mulher e sua real efetividade e eficácia.

Um significativo avanço para essas questões foi a criação da lei do feminicídio, a lei nº 13.104 de 2015. Esta lei entende por feminicídio "o homicídio cometido contra a mulher em razões do sexo feminino". É importante ressaltar que, mesmo com os avanços mencionados, a violência doméstica ainda é muito presente nos lares brasileiros e, infelizmente, vem sendo percebido um aumento nos casos de feminicídio, o que demonstra a necessidade de maior organização por parte da sociedade civil para exigir, junto às autoridades competentes, maior atenção para essa mazela social.

## 3.4 Políticas públicas e ações da sociedade civil

Nas décadas de 80 e 90, as lutas empreendidas pelas mulheres passaram a ganhar visibilidade no que se trata dos direitos das mulheres, fazendo com que viessem a acontecer as primeiras políticas públicas voltadas para a mulheres em diversas áreas como saúde, educação, assistência social e mercado de trabalho. Aos poucos, os mecanismos de suporte para luta pela igualdade entre homens e mulheres foram se solidificando e se fortalecendo cada vez mais. Nesse sentido, Farah (2004) enfatiza que:

> A inclusão da questão de gênero na agenda governamental

> ocorreu como parte do processo de democratização, o qual significou a inclusão de novos atores no cenário político e, ao mesmo tempo, a incorporação de novos temas pela agenda política. Os movimentos sociais que participaram de lutas pela redemocratização do regime tinham as mulheres como um de seus integrantes fundamentais. [...] A história destes movimentos é também a da constituição das mulheres como sujeito coletivo.

Dentre os avanços que podemos destacar, está a criação Secretaria de Políticas para Mulheres (SPM), através da lei nº 10.683, de 28 de maio de 2003, tendo como principal missão combater a desigualdade que atinge as mulheres. No ano de 2013, passou a ser definida como ministério pela lei nº 12.314, art. 122.

O ano de 2004 foi declarado como sendo o ano da mulher, quando foi convocada a primeira conferência nacional de políticas para as mulheres, coordenada pelo conselho nacional dos direitos da mulher, seguida de conferências em estados e municípios por seus respectivos conselhos locais. Com a mobilização das mulheres e dos governos de todas as esferas de poder público, foi elaborado o plano nacional para as mulheres, que foi reeditado entre os anos de 2007 e 2013. É inegável o avanço que as políticas para as mulheres ganharam após as SPM: no ano de 2012, foi criada a coordenação geral da diversidade, com o intuito de reafirmar que a luta pela igualdade inclui mulheres indígenas, negras, jovens, idosas, lésbicas, com deficiência, promovendo o combate à discriminação através de atenção para as mulheres em suas especificidades.

Quando o assunto é mulheres na política, a participação ainda não é a desejada. Porém, vale destacar a eleição e a reeleição da Presidenta Dilma Rousseff nos anos de 2010 e 2014. As feministas, então, passaram a reforçar a necessidade de ampliar a participação feminina no meio político e tiveram uma demanda atendida através da lei nº 9.504/97, que permitia, por meio de cotas e ações afirmativas, a ascensão do número de mulheres concorrendo a cargos políticos. No entanto, o número de mulheres eleitas não chega, nem de longe, perto do número das que realmente estavam se candidatando, o que mostra que a lei estava sendo cumprida por mera formalidade. Ou seja, muitas candidatas não recebiam sequer o próprio voto nas urnas, tornando necessários mais investimentos efetivos, não só em cotas e em obrigações de números a serem atingidos, mas também em educação de base. Desse modo, incentivando, desde cedo, o interesse, por parte das mulheres, em ocupar cargos de públicos de poder e o entendimento do quão importante é as mulheres ocuparem espaços de decisão na sociedade. No ano de 2016, no dia 31 de agosto, para sermos mais exatos, a então Presidenta legitimamente eleita Dilma Rousseff sofreu um *impeachment*, tendo 61 votos a favor e 20 votos contra no Senado Federal. Os membros do Congresso foram transmitidos ao vivo para todo o país e, dando um show horripilante de misoginia, utilizando chacotas inúmeras, dentre elas jargões como: "em nome das pessoas de bem", "em nome da minha família", "em nome de Deus", tornaram, um a um, seus votos públicos.

Vale ressaltar que, desde setembro de 2006, a lei Maria da Penha inseriu mecanismos para prevenir e punir qualquer ato de violência familiar em suas relações de afeto em diferentes contextos socioeconômicos e em todas as suas expressões no cenário jurídico e político. Entre os inúmeros desafios que estão envoltos as políticas públicas para as mulheres, vale destacar o que aponta Oliveira (2013):

> Introduzir no sistema educacional brasileiro a temática da igualdade de gênero no currículo das escolas brasileiras e, dessa forma, transformá-lo; reconhecer as desigualdades entre mulheres e homens e suas implicações em elaborações e resultados de políticas; reconhecer que os papéis de gênero são variados na família, assim como na esfera pública, no mundo do trabalho e na comunidade; reconhecer que não é apenas na esfera reprodutiva feminina que se instalam as desigualdades entre os gêneros. Finalmente, resta destacar que os desafios vão muito além dos aqui mencionados, pois se trata de evidenciar a necessidade de mudanças profundas em relação à erradicação das desigualdades entre homens e mulheres, uma vez que os seus custos sociais, econômicos e políticos acabam

por onerar não apenas as mulheres, mas toda a sociedade brasileira, e, sobretudo, comprometer as futuras gerações.

Isto posto, podemos inferir que, quando se trata da luta por políticas públicas para as mulheres, é mister a participação na luta contra o racismo estrutural, o sistema capitalista e o patriarcado, principalmente quando enfrentamos governos que passam a se valer de atitudes apoiados pelo retrocesso de leis e direitos tão duramente conquistados, por questões preconceituosas e atitudes neoliberais.

Imediatamente após assumir o poder do executivo federal, o então presidente Michel Temer, editou a medida provisória nº 726, de 12 de maio de 2016, que extinguiu os ministérios das mulheres, da igualdade racial e dos direitos humanos. Esta medida deixou claro o governo de retrocesso que viria a seguir, tendo por uma de suas principais características o abandono do incentivo que beneficiava as minorias em suas lutas por igualdade.

## 3.5 A evasão escolar e suas nuances

A evasão escolar é um fenômeno que ocorre também no ensino fundamental. Todavia, é no ensino médio que tem chamado atenção devido ao número de alunos que vem evadindo das salas de aula. São muitos os desafios que os jovens enfrentam para conseguirem frequentar as aulas e concluírem, pelo menos, a educação básica, só para citar alguns: a necessidade de trabalhar para ajudar na renda familiar e se manter com o sustento básico; a baixa qualidade do ensino que é fornecido a estes jovens, oferecendo baixa atratividade; a violência não só nas ruas e entre os colegas, como também no seio familiar, causando uma convivência conflituosa; e diversas manifestações desta relação complexa, que afeta diretamente os jovens. Todos estes fatorem contribuem para que o aluno não veja a escola como uma real perspectiva de mudança, tampouco um fator para melhores oportunidades no futuro, quer seja para fornecer valores éticos e humanos, como para prepará-lo para o mercado de trabalho.

Um fator de peso na decisão de evadir da escola é o desinteresse causado pela reprovação, muitas vezes em reiteradas séries; geralmente, a repetência é seguida de abandono escolar (LOPEZ; MENEZES, 2002). Este fracasso escolar acaba por ser importante para que muitos alunos estudem em salas de aula com turma de idades bem inferior à sua, sendo este uma das principais razões para o aluno chegar ao ensino médio fora da faixa etária das séries. Por este motivo, muitos acabam por desistir de estudar ou mudando para o ensino em horário noturno, que, muitas vezes, não oferta o mesmo conteúdo que o ensino regular diurno, oferecendo menos disciplina teórica e base acadêmica, menos tempo de estudo do aluno com o professor em sala de aula. Assim, por receberem um ensino de qualidade duvidosa, que oferece pouca ou nenhuma capacitação efetiva, saem do sistema educacional sem acreditar em seu potencial.

É relevante o aspecto econômico na decisão quando um jovem decide abandonar os estudos para trabalhar. Não só quanto ao tempo, mas também no que se refere a sua capacidade física ao final do dia, visto que é cansativo passar horas em trabalhos extenuantes e ainda ir estudar, muitas vezes, sob um aspecto desanimador e sem perspectiva de futuro por meio da educação.

Outro aspecto relevante para a evasão é a própria forma de a escola conduzir o ensino, que, em muitas ocasiões, se comporta como aparelho ideológico do Estado. Para alguns autores como Boudier-Passeron (1995) e Cunha (1997), a escola tem papel importante no fracasso ou no sucesso do estudante, particularmente quando se trata dos que pertencem às classes mais pobres. Isso tudo sem falar na questão estrutural da escola com salas lotadas, conteúdos complexos e de linguagem totalmente alheia à realidade vivida pela maioria da população e, ainda, a relação não muito próxima entre professor e aluno. Sobre este assunto, o educador Mário Volpi destaca que é necessário que:

> [...] os professores aproximem-se mais de seus alunos, procurando entendê-los e interagir com eles para que seja fortalecido um laço entre o professor e sua turma, isso contribui para o desenvolvimento da aprendizagem fazendo com que os alunos interajam com o professor deixando as aulas mais agradáveis proporcionando um momento de conhecimento (VOLPI, 2009, p. 72).

Ainda para outros autores, a escola tem responsabilidade no insucesso escolar dos alunos, ao passo em que pactua e até mesmo reproduz a ideologia capitalista e liberal em que cada um é responsável por seus fracassos. Neste caso, acredita-se e propaga-se que cada indivíduo é um ser capaz de empreender um bom futuro permeado por boas escolhas, ignorando fatores sociais, familiares e econômicos em que as pessoas estão inseridas, como se não fossem, de alguma forma, afetadas pelas circunstâncias que os cercam e limitam e estão além de seu controle.

É possível notar, na literatura disponível sobre o assunto, que diversos autores trabalham com duas linhas de investigação; as que contêm fatores externos e as que possuem fatores internos em relação à escola. Deve-se levar em conta que, desde o início do ensino médio, o jovem já está em uma idade que lhe permite ter certa liberdade de escola sobre seu futuro, o que lhe proporciona decidir se irá ou não passar mais alguns anos frequentando a escola e, muitas vezes, até enfrentando repetência. Neste momento, já há certa medida de autonomia, porém não há maturidade suficiente para tomar decisões baseadas no que seria melhor para si a médio e longo prazo.

Visto que a permanência, e até o retorno dos alunos para as salas de aula, é de total interesse público e que deve ser avaliado e solucionado através de políticas públicas, podemos citar um dos avanços obtivo através do programa Bolsa Família em seus primórdios, pois um de seus critérios para a manutenção da transferência de renda seria a frequência escolar. Para Mauro Neri, sobre o Bolsa Família:

> Os resultados mostram que a chance relativa dos beneficiários potenciais do Bolsa Família de evadirem a escola por motivos de insuficiência de renda caiu 18,21% em relação ao grupo de não elegíveis ao programa. A redução da insuficiência de renda como motivo de baixa freqüência escolar é consistente com a idéia do Bolsa Família de diminuir a restrição de liquidez (dificuldade econômica) que empurra as crianças e jovens adolescentes para o mercado de trabalho (NERI, 2009, p. 42).

Busquei avaliar, introdutoriamente, alguns questionamentos sobre a evasão escolar quando do ensino médio: quais suas causas, além das já rotineiramente pesquisadas? Seria possível haver alguma relação deste fenômeno com a violência doméstica? O que pensam os alunos que se evadiram? Sob que circunstâncias familiares estes jovens tomaram a decisão de parar de estudar? Quais as perspectivas dos profissionais que atuam e trabalham com estes jovens? Então, percebi que não deveria buscar a opinião apenas dos profissionais das escolas de ensino médio, mas também de equipamentos que lidam diariamente com as consequências da evasão escolar, da violência intrafamiliar e doméstica.

Neste intuito, nada melhor do que saber a perspectiva de técnicos do centro de referência da assistência social, pois são, muitas vezes, a porta de entrada para os atendimentos públicos devido à sua atuação local e à facilidade de acesso. Também seria relevante analisar a opinião dos conselheiros tutelares, visto que atuam na evasão escolar juntamente com os demais equipamentos.

Verifiquei que os aspectos mais importantes na decisão de parar os estudos, mesmo que por algum tempo, eram o contexto familiar, no qual existia violência, falta de apoio para continuar os estudos e até mesmo uma certo incentivo para que o jovem trabalhe para ajudar na renda. A realidade familiar em que o jovem está inserido, pois se mostrou ser um contexto em que a violência é presente mesmo que não seja contra ele mesmo e aos irmãos e que, de forma física, tenha sido direcionada à mãe, perpetrada pelo companheiro.

De acordo com a rotina já vivida pelos agentes do meio escolar, quando algum jovem passa a faltar as aulas de forma reiterada, acionam o Conselho Tutelar para que seja feito o acompanhamento. Caso não haja um trabalho de rede em conjunto com centro de referência da assistência social, centro especializado de assistência social, centro de referência da mulher, e uma boa oitiva do aluno e demais membros da família e até mesmo pessoas mais próximas que participem da vida deste indivíduo, fica quase impossível fazer a inter-relação de violência doméstica sofrida e vivenciada pelo aluno e seu afastamento da escola. Assim, a situação pode ser interpretada apenas como puro desinteresse pessoal em prosseguir seus estudos, algum interesse afetivo do jovem, vontade de trabalhar, e até mesmo citam a preguiça como motivo. Enfim, são inúmeras as respostas dadas pelos profissionais e pelos próprios alunos quando indagados sobre a desistência da vida escolar regular. No entanto, considerando que a violência doméstica está presente em diversas famílias, e muitas vezes de forma velada, sendo que sequer os vizinhos sabem de algo, como seria possível estudar a evasão escolar sob este enfoque se não fosse por meio de perguntas mais diretas e específicas sobre a relação familiar do jovem e sua perspectiva sobre a educação à luz do que vivencia em casa?

Para enfrentar este grave problema, que é a evasão escolar, principalmente no ensino médio, se faz necessário tentar reconquistar o interesse do aluno, demonstrar empenho nele como ser único e detentor de autonomia. São fundamentais o fortalecimento e a efetividade das políticas públicas já existentes na área da educação e na atuação dos estados e de seus agentes na resolução da violência intrafamiliar. Mais urgente ainda, como ficou claro com os resultados da pesquisa, é a necessidade de buscar resolver a situação do problema evasão em sua raiz, onde o problema é realmente formado.

# 4 RESULTADOS DA PESQUISA

## 4.1 Metodologia

A metodologia empregada nesta pesquisa foi a aplicação de questionário formulado com perguntas objetivas e claras, sendo diferentes as perspectivas de perguntas quando se tratavam de jovens e profissionais. A elaboração de um questionário, segundo Aaker et al. (2001), é uma arte imperfeita, pois não há método que possa orientar a fornecer perguntas que exatamente preencham as situações vividas ou colocações que se adequem à realidade que buscamos identificar junto ao objeto de estudo. Porém, a tentativa de coleta por meio de questionários tem sido uma das mais exitosas. Para elaboração, busquei definir o assunto sobre o qual gostaria de formular as perguntas, defini também a quantidade de perguntas e ordem em que seriam apresentadas. Para quantificar o valor das respostas, coloquei opções de respostas de 1 a 5, para que não fosse obtido penas uma resposta de sim ou não, mas sim uma noção de quanto significava esta resposta, quer fosse positiva quer fosse negativa. Tentei não abordar temas muito íntimos ou vexatórios, para que o assunto não fosse visto como perturbador e pudesse vir a causar uma resposta falsa. Tive como preocupação não elaborar perguntas tendenciosas, que viessem a influenciar nas respostas. As perguntas tinham exatamente assuntos relacionado ao interesse da pesquisa.

As questões foram expostas no formato de múltipla escolha, em que os respondentes optaram por uma alternativa dentre os números de opções, pois, desta forma, seriam mais fáceis a aplicação e a análise dos resultados, uma vez que há mais facilidade para o questionário ser respondido e apresentam uma baixa possibilidade de erros. Isso porque utilizei palavras simples e evitei usar palavras e termos ambíguos.

## 4.2 Pesquisa de campo

A pesquisa se deu por aplicação de questionário, coleta dos dados e análise/interpretação dos mesmos.

### 4.2.1 Sujeitos (público-alvo)

O foco desta pesquisa é a população entre 18 e 22 anos. Estas idades permitiram ter uma ideia dos caminhos que os jovens fazem logo após poderem tomar suas primeiras decisões. Não sob o viés de julgamento do sentido pessoal de cada sujeito, mas sim sobre até onde os efeitos da violência doméstica influíram em suas vidas, em suas decisões e seus objetivos, o que permitiu estudar os determinantes da evasão escolar no ensino médio com maior propriedade. Outra vantagem é o aspecto longitudinal das idades, pois permite acompanhar as decisões em diferentes idades e momentos de vida

## 4.2.2 Amostra

Minha preocupação ao definir o tamanho da amostra foi utilizar um número apropriado, evitando conduzir a pesquisa para um resultado insignificante do aspecto estatístico. Participaram da pesquisa respondendo questionário 6 profissionais de diversos equipamentos, escola de ensino médio, conselho tutelar, centro de referência da mulher e centro de referência da assistência social. Responderam, também, ao questionaram 6 jovens, que passaram por episódios de violência doméstica e se evadiram da escola durante o ensino médio, mesmo que tenham voltado algum tempo depois.

## 4.2.3 Coleta de dados

A coleta de dados ocorreu por meio da aplicação de questionários. O preenchimento do questionário entre profissionais e jovens ocorreu ao mesmo tempo. Entreguei os questionários nos locais dos equipamentos, no caso dos profissionais, e em suas residências, no caso dos jovens.

## 4.3 Gráficos e tabelas (resultados)

Sobre as questões direcionadas aos jovens participantes, suas escolhas estavam entre: 1- Discordo totalmente; 2- Discordo parcialmente; 3- Indiferente; 4- Concordo parcialmente; 5- Concordo totalmente. O Gráfico 1 demonstra, por meio de porcentagem, as respostas a cada pergunta, que serão detalhadas a seguir.

Gráfico 1: Alunos 01

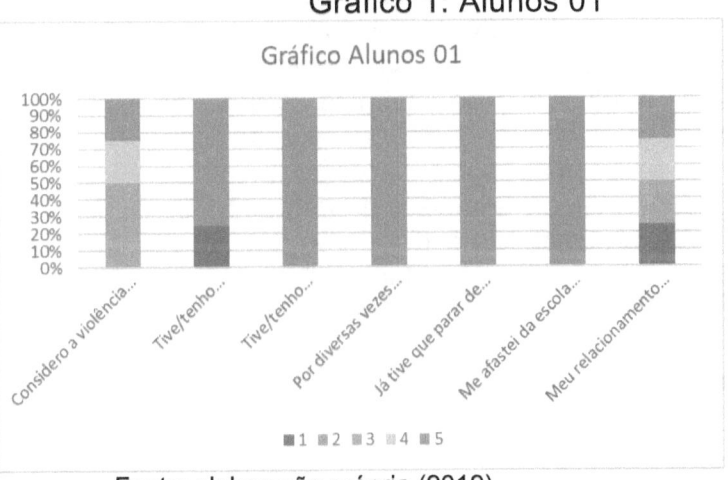

Fonte: elaboração própria (2019).

Neste gráfico, a questão colocada foi "considero a violência que vivenciei diretamente ligada ao meu desempenho escolar?". A mesma teve como resposta indiferente em torno de 50%, enquanto concordo totalmente obteve em torno de 22%, assim como a resposta concordo parcialmente. A questão "tive/tenho dificuldades de relacionamento com meus colegas?" foi respondida por 25% como discordo totalmente e por 75% dos jovens como concordo totalmente.

Para os assuntos "tive/tenho dificuldades com meus professores", "por diversas vezes faltei a aula devido a situações de violência sofrida por familiares", "já tive que parar de estudar para ajudar com a renda após a separação dos meus pais", "me afastei da escola em períodos que minha mãe precisou sair de casa devido à violência doméstica", "meu relacionamento com colegas me motivou a parar de estudar", foram respondidas com 100% para concordo totalmente.

## Gráfico 2: Alunos 02

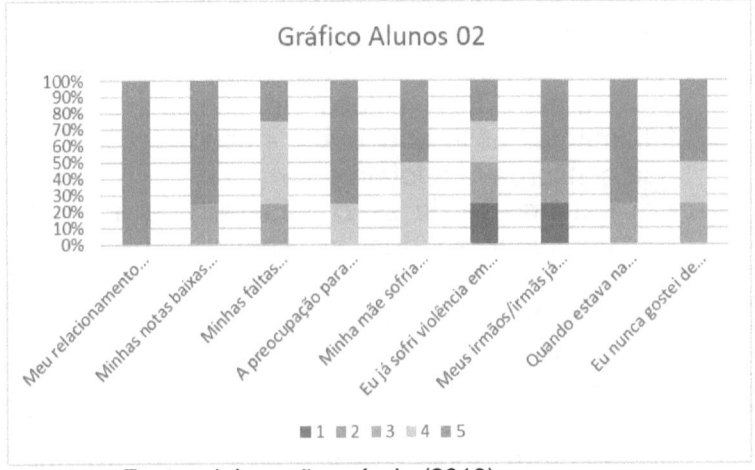

Fonte: elaboração própria (2019).

No Gráfico 2, a questão "meu relacionamento com professores me motivou a parar de estudar" obteve 100% de escolhas para a opção concordo totalmente. Quando se trata de "minhas notas baixas me motivaram a parar de estudar", o percentual para indiferente foi de 25% e 75% para concordo totalmente.

Para a colocação "sobre se a preocupação com a situação em casa havia motivado a parar de estudar", a resposta que teve 25% foi concordo parcialmente e 75% para concordo totalmente. Quando foi questionado se a mãe sofria violência em casa por parte do pai/padastro, o resultado foi que 50% responderam com concordo parcialmente e 50% com concordo totalmente.

Para a expressão "eu já sofri violência em casa", a resposta foi 25% em concordância em para as seguintes conclusões: discordo totalmente, indiferente, concordo parcialmente e concordo totalmente. Sobre o fato de os irmãos e irmãs terem sofrido violência por parte do pai/padrasto; 25% colocaram que discordavam totalmente, 25% que eram indiferentes e 50% que concordavam totalmente.

Em tratando-se de se considerar que a escola era um lugar ao qual se sentia não inserido, como se não fosse seu lugar, foi colocado que 25% eram indiferentes e 75% concordavam totalmente. Sobre nunca ter gostado de estudar e quando teve poder de decisão não quis mais ir às aulas, os jovens responderam, que 25% deles eram indiferentes, 25% concordavam parcialmente e 50% concordavam plenamente.

Gráfico 3: Alunos 03

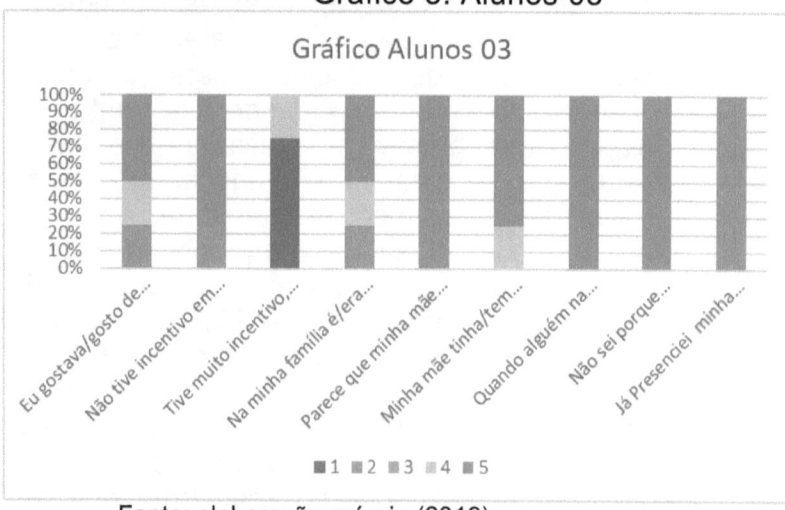

Fonte: elaboração própria (2019).

No Gráfico 3, a colocação sobre gostar de estudar, mas não aprender por mais que tentasse teve 25% de suas respostas como discordo parcialmente, 25% concordo parcialmente e 50% concordo totalmente. Sobre a falta de incentivo por parte da família para que continuasse a estudar, o quesito discordo parcialmente teve 25% de escolhas e 75% optou por responder que concordava totalmente. Posta a questão sobre se haviam tido incentivo por parte da família para estudar, a resposta foi 75% para discordo totalmente e 25% em concordo parcialmente.

Quando foi colocado se a família é/era adepta de uma postura liberal quanto a querer estudar ou não, as colocações foram: 25% discordo totalmente, 25% concordo parcialmente e 50% concordo totalmente. A questão sobre se a mãe tomava alguma medicação para depressão resultou em 25% concordando parcialmente e 75% concordando totalmente.

Obteve-se 100% de resposta concordo totalmente para as questões: sobre se a mãe tinha ou tem algum problema como depressão, tristeza ou algo relacionado a não ter forças para sequer sentir preocupação pelos filhos, se quando alguém da família passava por episódios de violência não conseguia se concentrar na aula e se já haviam presenciado sua mãe ser agredida verbal e/ou fisicamente.

Em relação às questões direcionadas aos profissionais participantes, suas escolhas estavam entre: 1- Discordo totalmente; 2- Discordo parcialmente; 3- Indiferente; 4- Concordo parcialmente; e 5- Concordo totalmente. O Gráfico 4 demonstra, por meio de porcentagem, as respostas a cada pergunta.

Gráfico 4: Profissionais 01

Fonte: elaboração própria (2019).

Neste gráfico, ao responderem à questão se consideravam a violência que a violência a qual estes jovens presenciavam tinha ligação com seu desempenho escolar 20% respondeu que discordavam parcialmente e 80% que concordavam totalmente. Quando o assunto foi se considerava que a violência vivida pelos jovens estava ligada ao seu desempenho social, 20% concordaram parcialmente e 80% concordaram totalmente.

Sobre possíveis dificuldades com colegas, 50% eram indiferentes ao assunto e 25% concordavam parcialmente; também 25% concordavam totalmente. Já sobre a relação dos alunos com os professores, 40% responderam que eram indiferentes, 20% que concordavam parcialmente e 40% concordavam totalmente. Em relação a terem conhecimento da motivação para o jovem ter parado de estudar ter sido para ajudar na renda da família, 10% eram indiferentes, 35% concordavam parcialmente e 55% concordavam totalmente.

Quando indagados se estes alunos haviam se afastado da escola em períodos nos quais a mãe mudou de endereço com a família devido a episódios de violência doméstica, o resultado foi que 20% eram indiferentes ao assunto, 20% concordavam parcialmente e 60% concordavam totalmente. Sobre se o relacionamento entre os colegas teria sido fator motivador para os alunos pararem de estudar, responderam 60% que discordavam parcialmente e 40% que eram indiferentes.

## Gráfico 5: Profissionais 02

Gráfico 02 Profissionais

Fonte: elaboração própria (2019).

Para a questão levantada sobre a possibilidade de o relacionamento dos alunos com os professores ser motivo para a evasão destes jovens, 40% alegaram que discordava parcialmente e 20% eram indiferentes, 20% concordavam parcialmente e 20% concordavam totalmente. Em relação às notas, 60% discordam parcialmente e 40% eram indiferentes se elas afetavam a evasão. Sobre se as faltas poderiam ser fator importante para a decisão de continuar a estudar ou não, 20% concordaram parcialmente e 80% concordaram totalmente.

Quando a pergunta era se o jovem costumava parecer distante e preocupado, embora não falasse sobre o assunto, 40% concordaram parcialmente e 60% concordaram plenamente. Após a indagação sobre se sabiam com certeza que o jovem ou um familiar seu havia sofrido violência, 40% alegaram discordar totalmente, 20% que eram indiferentes e 40% concordavam totalmente. Sobre haver rumores de violência doméstica, geralmente contra a mãe, 20% informaram serem indiferentes. 20% concordaram parcialmente e 60% concordavam totalmente.

Para a perspectiva que tinham em relação aos jovens parecerem deslocados e desambientados, 25% alegaram que discordavam parcialmente, 25% eram indiferentes e 50% concordavam parcialmente. Se acreditavam que os jovens gostavam de estudar, mas possuíam dificuldades de aprendizagem 20% afirmaram serem indiferentes, 40% que concordavam parcialmente e 40% concordaram totalmente.

## Gráfico 6: Profissionais 03

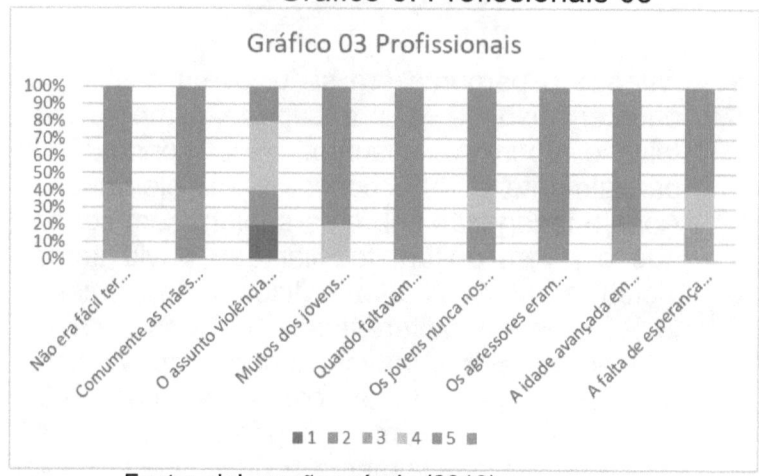

Gráfico 03 Profissionais

Fonte: elaboração própria (2019).

A falta de acessibilidade e contato com os familiares destes alunos foi vista como 40% sendo indiferentes a este assunto e 60% concordando totalmente. Sobre o uso de medicação pelas mães dos jovens, 20% assinalaram que eram indiferentes ao assunto, 20% que discordavam parcialmente e 60% concordavam totalmente.

Em relação a se o assunto violência doméstica já tinha sido abordado por estes jovens, 20% discordaram totalmente, 20% discordaram parcialmente e 40% concordaram parcialmente, 20% concordaram totalmente. Sobre se os jovens haviam falado de ocorrência de violência em casa, 20% concordaram parcialmente enquanto 80% concordaram totalmente.

Quando a questão das faltas às aulas envolvia algum episódio de violência e que era sabido pela comunidade, 20% marcaram que discordava parcialmente e 80% concordaram totalmente. Questionados sobre se os jovens nunca haviam falado sobre violência familiar, mas que a comunidade alegava que ali naquela família havia violência, 20% afirmaram que discordavam parcialmente, 20% que concordavam parcialmente enquanto 60% concordaram totalmente. Para o item sobre se os agressores eram pessoas acima de qualquer suspeita em meio à comunidade em que residiam, até que algum familiar falou sobre a situação vivida, 20% afirmaram discordar parcialmente, enquanto 80% responderam que concordavam totalmente.

A idade avançada em relação aos demais colegas de sala foi vista como importante para o fator evasão por 20% sendo indiferente ao assunto e 80% concordando totalmente. Sobre a falta de esperança, mesmo que nas entrelinhas, ser presente na vida destes jovens, 20% assinalaram que eram indiferentes, 20% que concordavam parcialmente e 60% que concordavam totalmente.

## 4.4 Análise dos resultados (discussão dos resultados)

De posse dos questionários preenchidos, passei a fazer a tabulação dos dados por meio de gráficos com os resultados de forma quantitativa.

## 4.5 Sugestões para trabalhos futuros

Durante a realização da pesquisa, pude me deparar com uma gama de assuntos relacionados ao tema. Em primeiro lugar, sugiro que haja um estudo semelhante em outros equipamentos públicos em outros municípios das demais regiões do país.

Outra sugestão é utilizar outra metodologia para a obtenção de dados, como, por exemplo, a entrevista. Ademais, sugiro aprofundar o assunto entre os profissionais que lidam diariamente com a violência doméstica e intrafamiliar sob uma perspectiva mais objetiva.

# 5 CONCLUSÃO

O intuito desta pesquisa, que perpassou pelo viés da evasão escolar à violência doméstica, era fornecer subsídios para que haja um debate conciso sobre as reais necessidades de avanços e efetividade nas políticas públicas oferecidas à população. A presente pesquisa buscou enxergar, sob as perspectivas da evasão, os efeitos que as violências domésticas têm causado na sociedade desde o ponto de vista dos principais protagonistas: mulheres vítimas deste tipo de violência, crianças enquanto seu processo de formação cognitivo e a perspectiva que ambos têm do homem como agressor no seio familiar.

Heuristicamente, busquei analisar e sintetizar informações que possam beneficiar os diversos autores envolvidos sobre os impactos, impressões e correlação da violência doméstica sobre os jovens que culminavam em se evadir da escola, mas que passam por outros processos em sua vida social e emocional, trazendo consigo uma cruel realidade de danos psicológicos, emocionais, físicos e de se relacionar com o que há de mais básico para a construção de uma vida digna. A educação é a porta de entrada para uma vida que se realize em si, através de bons relacionamentos afetivos, sociais e também por meio da construção de sua família, se assim for seu desejo.

penas com o conhecimento dos danos ausados em cada aspecto da vida cotidiana que a violência doméstica tem causado é que oderemos, então, dar prioridades às ações em usca de sanar seus efeitos e construir meios ara que o fenômeno não mais ocorra. Para que to se torne realidade é necessário que a busca e sua solução seja vista como prioridade pelos ais diversos atores sociais envolvidos entre les a sociedade civil, os gestores federais, staduais e municipais, e a comunidade escolar.

# REFERÊNCIAS

ABRAMOVAY, Miriam; CASTRO, Mary Garcia. **Ensino Médio**: múltiplas vozes. Brasília: UNESCO/MEC, 2003.

ARENDT, Hannah. **A condição humana**. Trad. Roberto Raposo. 5. ed. Rio de Janeiro: Forense Universitária, 1991.

_____. **Sobre a violência**. Trad. André Duarte. Rio de Janeiro: Relume-Dumará, 1994.

ARISTÓTELES. **Tratado de Política**. Lisboa; Europa-América, 1997.

BRASIL. Ministério da Educação. **Evasão no ensino médio supera 12%, revela pesquisa inédita**. Disponível em: http://portal.mec.gov.br/component/content/articl e?id=50411. Acesso em: 09 mar. 2018.

BOURDIEU, Pierre. **A Dominação Masculina**. Trad. Maria Helena Kuhner. 4. ed. Rio de Janeiro: BestBolso, 2017.

_____. **O poder simbólico**. Tradução de Fernando Tomaz. Rio de Janeiro: Bertrand Brasil, S.A, 1989.

CHAUÍ, Marilena. Participando do debate sobre a mulher e violência. In: CARDOSO, Ruth et. al. **Perspectivas antropológicas da mulher**. Rio de Janeiro: Zahar Editores, 1985.

COLL, César; MARCHESI, Álvaro; PALACIOS, Jesús. D**esenvolvimento Psicológico e Educação**. Trad. Fátima Murad. 2.ed. Porto Alegre: Artmed, 2004.

Ferraro, A. R. Diagnóstico da escolarização no Brasil. **Revista Brasileira de Educação**, Rio de Janeiro: ANPEd; Campinas: Autores Associados, n. 12, p. 22-47, set./dez. 1999b.

DIÓGENES, André. Poder e violência no pensamento político de Hannah Arendet. In: ARENDT, Hannah. **Sobre a violência**. Trad. André Duarte. Rio de Janeiro: Relume-Dumará, 1994.

FOUCAULT, Michael. **Microfísica do poder**. 6. ed. Trad. e org. Roberto Machado. Rio de Janeiro: Graal, 1986.

LOPEZ, F. L.; MENEZES, N.A. Reprovação, Avanço e Evasão Escolar no Brasil. **Pesquisa e Planejamento Econômico**, v.32, n.3, p. 417-452, dez. 2002.

INACIO, Miriam de Oliveira. Violências contra mulheres e esfera familiar: uma questão de gênero? **Revista Anual do Grupo de Estudos e Pesquisa sobre ética** - GEPE/Pós-Graduação em Serviço Social da UFPE. Ano III, n. 3, dezembro de 2003.

NERI, Marcelo. **Motivos da Evasão Escolar.** Brasília: Fundação Getulio Vargas, 2009.

RELÓGIOS DA VIOLÊNCIA. **A cada dois segundos uma mulher é vítima.** Disponível em: https://www.relogiosdaviolencia.com.br/#. Acesso em: 09 mar. 2018.

SAFFIOTI, Heleieth. Violência de gênero no Brasil contemporâneo. In: SAFFIOTI, Heleieth I.B.; VARGAS-MUNOS, Mônica. **Mulher brasileira é assim.** Rio de Janeiro: Rosa dos tempos, 1994, p. 151-185.

OSTERNE, Maria do Socorro Ferreira. **Violência nas Relações de Gênero e Cidadania Feminina.** Fortaleza. EdUECE, 2007.

TIENE, Izalene. **Mulher moradora de Rua**: Entre Vivências e Políticas sociais. Campinas: Editora Alínea, 2004.

REIS, Deliane; PRATA, Luana Cristina
Gonçalves; PARRA, Cláudia Regina. O impacto
da violência intrafamiliar no desenvolvimento
psíquico infantil. **Psicologia.pt,** [S.I.], 2018.
Disponível em:
http://www.psicologia.pt/artigos/textos/A1253.pdf
. Acesso em: 24 mai. 2019.

RUIZ, João Alvaro. **Metodologia científica**. São
Paulo: Atlas, 2010.

SOUSA, Vanessa Bezerra. Renato Veloso.
**Gênero e Serviço social**: desafios a uma
abordagem crítica. São Paulo: Saraiva, 2015.

WALLON, Henri. **A evolução psicológica da
criança.** Trad. Claudia Berliner. São Paulo:
Martins fontes, 2007.

www.ingramcontent.com/pod-product-compliance
Lightning Source LLC
Chambersburg PA
CBHW051355280526
45784CB00007B/2969